Tierarzt Frank Lausberg

Erste Hilfe für Hunde

KOSMOS

Inhaltsverzeichnis

Ihr ständiger Begleiter

Lieber Hundefreund,
dieser kleine Ratgeber hilft Ihnen in Situationen, in die Sie hoffentlich nicht kommen werden, aber jederzeit kommen können. Er kann nicht vollständig sein, hat aber Prioritäten gesetzt, ist praxisorientiert und kann in diesem Format vielleicht Ihr ständiger Begleiter werden. In der Zeit vom Unfall bis zum Eingreifen des Tierarztes gibt er Ihnen einen Leitfaden, um die Situation richtig einzuschätzen sowie sinnvolle und möglicherweise lebensrettende Maßnahmen schnell einzuleiten. So wenig wie er den Tierarzt ersetzt, ist er für diesen geschrieben, so dass Verständlichkeit für den Laien vor dem Anspruch auf wissenschaftliche Genauigkeit und Fachterminologie steht.

Frank Lausberg

Frank Lausberg ist Tierarzt und der Autor dieses Buches.

Notfälle vermeiden

1 Sie müssen Ihren Hund jederzeit unter Kontrolle haben. (Körperkraft, Gehorsam, Blickfeld)
2 Nehmen Sie an verkehrsreichen Straßen Ihren Hund immer an die Leine.
3 Besondere Vorsicht ist bei Begegnungen mit Fahrrädern und Pferden geboten.
4 Lassen Sie im Sommer Ihren Hund nie alleine im Auto.
5 Dem Hund niemals Knochen füttern.
6 Ihr Hund sollte nur zu Hause fressen und trinken.
7 Nach dem Fressen nicht mit dem Hund herumtollen.
8 Gifte (z. B. Schnecken-, Ratten-, Insektengifte, Medikamente, Reinigungsmittel etc.) immer für den Hund unzugänglich aufbewahren.
9 Vorsicht bei jungen Hunden mit Elektrokabeln, herunterziehbaren Gewichten und leicht verschluckbarem »Spielzeug«.
10 Sorgen Sie für einen immer aktuellen, vollständigen Impfschutz.

Rico, sein Golden Retriever Rüde, der die Demonstration der wichtigsten Erste-Hilfe-Handgriffe geduldig über sich ergehen lässt.

Beim Lid- und beim Hornhautreflex ...

... zuckt beim lebenden Hund das Lid oder das Auge schließt sich.

Anhand der folgenden Anzeichen für Leben und Tod können Sie leicht selbst überprüfen, ob der Hund noch lebt und ob weitere Hilfsmaßnahmen noch sinnvoll sind.

Reflexe

1 Zwischenzehenreflex: Sie kneifen in die Haut zwischen zwei Zehen des Hundes.
   Reflex: Das Bein wird angezogen (oder zuckt).

2 Lidreflex: Sie berühren ein Augenlid des Hundes.
   Reflex: Die Augenlider zucken oder das Auge wird geschlossen.

3 Hornhautreflex: Sie drücken leicht mit dem Finger auf das geöffnete Auge, also die Hornhaut des Hundes.
   Reflex: Die Augenlider zucken oder das Auge wird geschlossen.

Todeszeichen in der Reihenfolge ihres zeitlichen Auftretens:

1 **Totenblässe:** Bei Tieren weniger an der Haut, aber gut an den Schleimhäuten zu erkennen: Sie werden weiß. Vorsicht: auch bei Schock!
2 **Totenkälte:** Beginnt immer an den »Körperenden«: Beine, Schwanz, Ohren; Vorsicht auch bei Schock!
3 **Totenauge:** Das Auge trocknet aus, es wird auf der Oberfläche faltig und sinkt in die Augenhöhle zurück.

Der klinische Tod

Auch wenn alle drei Todeszeichen vorhanden sind, ist evtl. noch eine Reanimation möglich. Reanimation bedeutet nichts anderes als den »Animus« (lat.: Geist) »re« (lat.: zurück-) zu holen, obwohl bereits der klinische Tod stattgefunden hat.

▶ kein Herzschlag
▶ keine Atmung
▶ keine Reflexe

Totenstarre

Anschließend kommt es in zeitlicher Abhängigkeit von vielen Faktoren (Stress vor dem Tod, Außentemperatur und vieles mehr) zur allseits bekannten Totenstarre, die sich 2 oder auch erst 12 Stunden nach dem Tod einstellen kann. Diese löst sich allerdings auch wieder, so dass alle Gelenke wieder so beweglich werden, wie kurz nach dem Tod. Ursache dafür sind Fäulnisprozesse, die sich anschließen, da der Organismus sich nicht mehr gegen eindringende Bakterien wehren kann.

Lebenszeichen

Ein einziges Anzeichen genügt für das Vorhandensein von Leben

▶ Herzschlag
▶ Atmung
▶ Reflexe

Den Tierarzt informieren

Wenn ein Telefon in der Nähe ist, sollte auf jeden Fall als erstes der nächste diensthabende Tierarzt angerufen werden. Um diesen zu erreichen, gibt es folgende verschiedene Möglichkeiten:

1 Der Anrufbeantworter irgendeines Tierarztes im näheren Umkreis (diesen finden Sie unter »Tierärzte« im Telefonbuch oder in den »Gelben Seiten«) oder Ihres Haustierarztes nennt Ihnen den nächsten erreichbaren Tierarzt.

2 In den meisten Tageszeitungen ist der tierärztliche Notfalldienst der betreffenden Nacht bzw. des Wochenendes aufgeführt, in der Regel unter dem humanmedizinischen oder dem Apotheken-Notdienst.

3 Für Großstädte gibt es häufig feste Telefonnummern für den tierärztlichen Notfalldienst.

4 Schauen Sie in den »Gelben Seiten« des betreffenden Kreises unter der Rubrik »Tierärztliche Kliniken«.

5 Falls weder die Telefonnummer des Haustierarztes noch Telefonbuch oder Tageszeitung vorhanden sind, können Sie auch die Feuerwehr (112) bzw. die Polizei (110) anrufen, welche Sie dann weitervermitteln.

Notieren Sie sich die Telefonnummer Ihres Tierarztes oder speichern Sie sie in Ihrem Handy.

6 Es ist sicher günstig, eine der oben genannten Telefonnummern (z. B. Haustierarzt oder tierärztliche Klinik) ständig bei sich zu haben. Schreiben Sie sie doch in Ihren Taschenkalender, auf ein Blatt in Ihrem Geldbeutel, oder speichern Sie die Nummer in Ihrem Handy.

Transportieren Sie einen Hund möglichst nie ungesichert im Auto.

Das Telefonat mit dem Tierarzt

Stellen Sie sich darauf ein, folgende Fragen beantworten zu können:

1 Was ist passiert?
2 Wann ist es passiert?
3 Welche äußerlich sichtbaren Verletzungen liegen vor (v. a. starke Blutungen)?
4 Ist der Hund bei Bewusstsein? Reagiert er z. B. auf seinen Namen?
5 Was fällt Ihnen noch außergewöhnliches auf? (Z. B. ungewöhnliche Körperhaltung, Krämpfe, aufgeblähtes Aussehen)
6 Vielleicht können Sie mit Hilfe dieses Buches auch selbst schon einige physiologische Parameter an den Arzt weitergeben (z. B. Puls, Atmung, Temperatur, Zustand der Schleimhäute).

Beurteilung des Allgemeinbefindens

Das Allgemeinbefinden beurteilt man durch die Bewertung verschiedener Faktoren, beispielsweise über folgende Fragen:

▶ Verhält sich der Hund anders als sonst?
▶ Frisst der Hund? Setzt er normalen Kot ab?
▶ Zeigt er eines der folgenden Anzeichen?
  Erbrechen, Lahmheit, Husten, Atembeschwerden, Schwäche/Zittern, aufgekrümmter Rücken, Schmerzäußerungen bei Berührung bestimmter Körperteile, Teilnahmslosigkeit, mattes/struppiges Haarkleid, trinkt viel

Physiologische Parameter

Aber auch einige Parameter aus der Physiologie (das ist die Lehre aller gesunden Vorgänge im Organismus) können leicht bestimmt werden und sind wichtige Faktoren zur Beurteilung des Allgemeinbefindens. Es handelt sich hierbei um folgende Messgrößen, die allesamt leicht von Ihnen bestimmt werden können: Die Normalwerte können Sie der Tabelle auf der nächsten Seite entnehmen. Sie sind abhängig von der Größe und dem Gewicht Ihres Hundes.

So prüft man den Flüssigkeitszustand des Hundes. Bildet sich die Hautfalte auf dem Rücken beim Loslassen nicht gleich wieder zurück, ist der Flüssigkeitszustand mittelschwer bis schwer gestört.

1 Puls- bzw. Herzfrequenz pro Minute
2 Atemfrequenz pro Minute
3 Körpertemperatur
4 Zustand der Schleimhäute

Normalwerte eines gesunden Hundes

Körpertemperatur:
38–39 °C
Atemfrequenz:
ca. 20–30 Atemzüge pro Minute bei großen Hunden
ca. 30–50 Atemzüge pro Minute bei kleinen Hunden
Pulsfrequenz:
ca. 70–100 Schläge pro Minute bei großen Hunden
ca. 90–120 Schläge pro Minute bei kleinen Hunden
Schleimhaut:
rosa, feucht glänzend
Bei Stress und/oder körperlicher Belastung steigen
diese Werte an.

Ist ihr Hund schnell erschöpft und wirkt oft lustlos, kann das ein Anzeichen für eine bislang unbemerkte Erkrankung sein.

Herzfrequenz

Das Herz liegt beim Hund wie beim Menschen mehr auf der linken Körperhälfte (zu $2/3$), so dass man es auch besser von links aus abhört. Das Feld auf der Körperoberfläche, von dem aus das Herz am besten zu hören ist, lässt sich wie folgt eingrenzen: Den Raum zwischen zwei Rippen nennt man Zwischenrippenraum. Man kann diese Räume von kopfwärts in Richtung schwanzwärts abzählen. Zwischen dem 3. und dem 6. Zwischenrippenraum oberhalb einer gedachten waagerechten Linie in Höhe des Ellenbogens befindet sich das handflächengroße Feld zum Abhören des Herzens. Zum Abhören des Herzens benötigt man nicht unbedingt ein Stethoskop. Fast genau so gut eignen sich die beiderseits am Kopf angewachsenen »Stethoskope«, nämlich die Ohren, zum Abhören. Hierfür muss man das Ohr nur dicht genug an das beschriebene Feld der Körperoberfläche anlegen.

Körpertemperatur

Die »Körperinnentemperatur« wird im Organismus v. a. durch Muskelarbeit und ein kompliziertes Steuerungssystem in einem Rahmen gehalten. Dieser beträgt beim

Der Puls wird bei Hunden innen am oberen Drittel des Oberschenkels gefühlt.

Hund unabhängig von der Rasse oder Größe (im Gegensatz zu Herz- und Atemfrequenz) 38–39 °C, beim Welpen bis zu 39,3 °C (dies gilt immer nur im Ruhezustand).
Messen Sie die Körperinnentemperatur mit einem handelsüblichen Fieberthermometer für Menschen im After. Hierfür wird das Thermometer vorsichtig in den Darmausgang eingeführt, wobei der Schwanz hochgehalten wird und, falls

notwendig, der Hund unter dem Bauch angehoben wird, damit er sich nicht setzt. Es empfiehlt sich, die Spitze des Thermometers vor dem Einführen mit einem Gleitmittel zu versehen, z. B. Paraffin-Öl oder Baby-Creme.

Schleimhäute

Im Organismus finden sich zahlreiche Schleimhäute, und einige davon sind von außen beurteilbar. Hierzu zählen:
- die Konjunktivalschleimhaut auf der Innenseite des Augenlides.
- die Maulschleimhaut: alles, was im Maul rosa ist, v. a. die Zahnfleischoberfläche.
- die Schleimhaut des Darmausganges.
- die Schleimhaut des Scheidenvorhofs, bzw. die Vorhaut des Penis.

Schleimhäute sollen immer folgendermaßen aussehen:
- Rosarot, da gut durchblutet.
- Feucht, glatt und glänzend, da muköser Schleim die Schleimhäute bedeckt, insofern die Versorgung der Schleimhaut normal funktioniert.

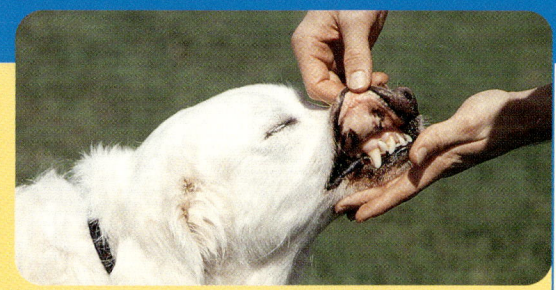

Die Schleimhäute eines gesunden Hundes sollen rosa (gut durchblutet), feucht, glatt, glänzend und ohne entzündliche Auflagerungen sein.

- Ohne Auflagerungen bedeutet v. a. ohne entzündliche, beispielsweise diphteroide (gelbliche) Auflagerungen.
- Sind die Schleimhäute blaß (anämisch), so ist das Kreislaufgeschehen nicht in Ordnung.
- Sind die Schleimhäute bläulich (zyanotisch), ist die Sauerstoffversorgung im Organismus gestört.
- Sind die Schleimhäute trocken und matt, ist der Körper wahrscheinlich ausgetrocknet (dehydriert).
- Sind die Schleimhäute rot oder voller Auflagerungen, sind sie wahrscheinlich entzündet.

Schock

Der Schock im medizinischen Sprachgebrauch ist nicht – wie im Alltag gebräuchlich – ein psychischer Schock im Sinne eines Schrecks, sondern ein akutes Kreislaufversagen. Dieses Kreislaufversagen ist ein Zustand,

Ein häufiges Anzeichen für eine Schock ist auffallende Teilnahmslosigkeit.

keine Krankheit, der unglaublich viele Ursachen haben den meisten Fällen zum Tode führt.

Schockursachen

Herzschädigungen beispielsweise durch Herzverletzungen, Herzinsuffizienz oder Entzündungen einzelner Herzanteile (Klappen, Muskel).
Gefäßerweiterungen beispielsweise durch Bakteriengifte (Blutvergiftung), Allergene (Anaphylaxie), Schädel-Hirntrauma oder Gifte. Es kommt zur reflektorischen Weitstellung von Blutgefäßen, so dass der Blutdruck plötzlich radikal »in die Tiefe« stürzt.

Schocksymptome

Sie sind oft nur schwach ausgebildet und nicht immer alle vorhanden.

1 Erhöhte Herzfrequenz
2 Schneller, schwacher Puls
3 Erhöhte Atemfrequenz
4 Blasse bis weißliche Schleimhäute
5 Schwäche, evtl. Zittern
6 Kühle oder kalte Körperenden
   (Beine, Schwanz, Pfoten, Ohren)
7 Verminderter bis kein Urinabsatz
8 Apathie = Teilnahmslosigkeit,
9 Zusätzlich bei Allergieschock:
   starke Unruhe, starker Juckreiz, Nesselfieber

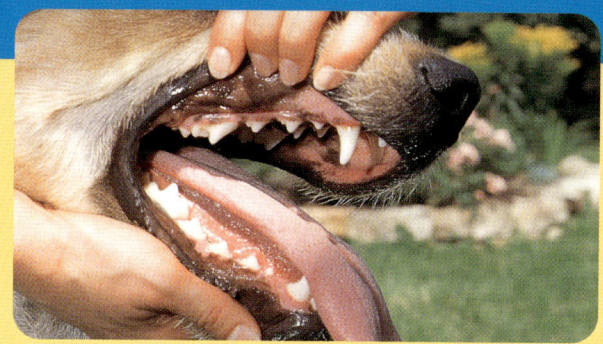

Bei einem Schock sind die Schleimhäute nicht kräftig gefärbt wie hier, sondern blass oder weißlich.

Kalte Körperenden, wie z. B. kalte Pfoten, können auf einen Schock hindeuten.

Blutvolumenmangel bspw. durch erhebliche Blutverluste (starke innere oder äußere Blutungen, Blutgerinnungsstörungen (z. B. durch Rattengift), hochgradige Flüssigkeitsverluste (wässriger Durchfall, häufiges Erbrechen, Verbrennungen).

Maßnahmen

1 Kein Streß!
2 Frische Luft (Fenster auf).
3 Soweit möglich, Ursachen behandeln/beheben (Blutungen stillen, von Giftquelle entfernen etc.).
4 Puls kontrollieren.
5 Auf Herzstillstand achten; falls Herzstillstand: Reanimation.
6 Kalte Gliedmaßen mit Decke wärmen.
7 Nicht wie beim Menschen die Beine hoch legen. Der Hund wird sich immer wieder in eine andere Position begeben wollen, noch mehr Stress ist die Folge.

So tragen Sie Ihren Hund, wenn Sie Ihn alleine transportieren müssen.

Jeglicher Transport eines Hundes (außerhalb eines Fahrzeugs), der nicht mehr in der Lage ist, selbständig zu gehen, soll auf einer (improvisierten) Trage geschehen. Dies setzt allerdings voraus, daß man mindestens zu zweit ist. Ist man jedoch alleine, kann der Hund nur auf dem Arm (ein Arm unter der Brust/ein Arm hinter den Hinterbeinen) getragen werden. Als Trage eignet sich am besten eine stabile Unterlage (möglichst gepolstert), wie beispielsweise ein in der Größe entsprechendes Brett oder eine Tischplatte, da hier Knochenbrüche und insbesondere Wirbelsäulenverletzungen am stabilsten gelagert werden können. Ist eine solche Trage nicht zur Hand, kann auch eine weiche Trage benutzt werden, beispielsweise Decke, Handtuch, Jacke etc. Hierbei fassen zwei Helfer je zwei Ecken der Trage; hierbei besonders wichtig: Das Halsband des Hundes wird mit gefasst, damit der Hund nicht von der Trage rutschen kann.

Transport im Auto

Für den Transport im Auto gilt grundsätzlich: So kurz wie möglich. Das heißt, dass der Hund zunächst am besten in die nächste Tierklinik bzw. zum nächstgelegenen Tierarzt transportiert wird, da eine Notversorgung zunächst von jedem Tierarzt übernommen werden kann. Der Hund wird dann gegebenenfalls vom behandelnden Tierarzt in eine Fachklinik überwiesen. Beachten Sie beim Transport im Auto folgendes:

So können Sie einen verletzten Hund vorsichtig zu zweit tragen. Wichtig: Sichern Sie den Hund zusätzlich, indem Sie mindestens mit dem Daumen unter das Halsband greifen.

► Versuchen Sie ruhig zu bleiben, Nervosität und Panik überträgt sich auf den Hund.
► Wenn möglich bleiben Sie bei Ihrem Hund (auf der Rückbank bspw.) und sprechen Sie mit ihm, er braucht jetzt Ihre Nähe.
► Im Auto sollten Sie trotz der Aufregung nicht rauchen, die Luftqualität wird zu schlecht.
► Besonders im Stadtverkehr nicht rasen, denn ständiger Wechsel von Gas/Bremse führt zu Unruhe des Autos.

► Keine laute Musik (natürlich werden Sie selbst Ihr Radio nicht laut stellen, aber vielleicht werden Sie gefahren, und der Fahrer bedenkt dies nicht).

Transport des Hundes

1 Falls der Hund in der Lage ist, selbst eine bestimmte Körperhaltung/-Lage einzunehmen, verändern Sie diese nicht, ansonsten:
2 In rechter Seitenlage (linke Körperseite oben), das erleichtert die Herzarbeit.
3 Bei einseitigen Rippenbrüchen auf der verletzten Seite, da die intakte Seite des Brustkorbes so besser arbeiten kann.
4 Nicht auf äußerliche Wunden legen! Wunden außerdem immer mit sterilen Gaze-Tupfern aus dem Verbandskasten abdecken.
5 Brüche stabil lagern, also so, dass sie während der Fahrt so wenig wie möglich in Bewegung sind.

17

Helfen ohne Risiko

Der Hund wird über eine Leine am Geländer fixiert und kann den Helfer dabei nicht beißen.

Um gezielt und sinnvoll erste Hilfe leisten zu können, sind einige »Zwangsmaßnahmen« aus folgenden Gründen extrem wichtig:

1. Sie müssen Ihre erste Hilfe rasch und präzise anwenden, dauernde Abwehrbewegungen des Hundes verzögern alles oder lassen eine Behandlung erst gar nicht zu.
2. Wenn der Hund sich, unter Umständen in Panik, heftig zur Wehr setzt, kann er sich noch mehr verletzen.
3. Sie können dabei ebenfalls schwer verletzt werden.

Mit einer Maulschlinge hindern Sie den Hund am Zubeißen.

»Hunde-Judo«: Greifen Sie über den Hund hinweg die Ihnen zugewandten Beine, ziehen Sie sie vorsichtig unter dem Körper hindurch und lassen Sie den Hund sanft zu Boden gleiten.

Die folgenden Maßnahmen sollen Ihnen somit helfen, physiologische Parameter überhaupt erst feststellen und Erste Hilfe anwenden zu können:

1 Hund an einem Objekt fixieren,
2 Das Maul zubinden.
3 Den Hund niederlegen.

4 Den Hund liegend fixieren.
5 Den Kopf richtig festhalten.
6 Bei intravenösem Zugang helfen.

Das ABC der Reanimation

Vor dem Beatmen müssen die Luftwege von evtl. Fremdkörpern befreit werden.

Aktive Beatmung: Mit den Händen die Schnauze umschließen, den Hals Strecken und Luft hinein blasen.

Die richtige Reihenfolge ist lebenswichtig für Ihren Hund. Da man naturgemäß in einer solchen Situation sehr aufgeregt ist, gibt es eine kleine Eselsbrücke für die Sofortmaßnahmen am Unfallort, nämlich das ABC der Reanimation. Auch der Tierarzt hält sich hieran. Und auch für ihn ist es eine gute Hilfe. Obwohl er technisch mehr Möglichkeiten zur

Verfügung hat, um einen Hund wiederzubeleben, macht er nichts anderes als Sie bei Ihrem ABC:

A = Atemwege freihalten

Bewusstlose Hunde können an Erbrochenem, aber auch an anderen Hindernissen im Maul / Schlund, wie geronnenem Blut oder Schleim, ersticken. Öffnen Sie das Maul des Hundes weit, ziehen Sie die Zunge hervor, und überprüfen Sie, ob sich Erbrochenes, geronnenes Blut oder Schleim darin befindet, falls ja, entfernen Sie alles (bis zum Zungengrund/Schlund) mit der Hand.

B = Beatmung bei Atemstillstand

Aktive künstliche Beatmung

Hierbei bläst man wie bei der künstlichen Beatmung des Menschen Luft in (Maul und) die Nase des Hundes. Umschließen Sie mit beiden Händen das gesamte Maul des Hundes, damit beim Einblasen keine Luft aus dem Lefzenbereich entweicht. Der Hals des Hundes wird hierbei gestreckt. Es wird nur so lange und mit so viel Druck eingeblasen, dass sich der Brustkorb hebt. Der Hund entlässt die eingeblasene Luft passiv von selbst.

► Man wiederholt diesen Vorgang so lange, bis der Hund von selbst wieder atmet, in einer Frequenz von einem Atemzug alle 2 bis 3 Sekunden.

► Aus Hygienegründen kann auch ein Taschentuch zwischen Maul/Nase und eigenen Mund gelegt werden.

Passive Beatmung: Den Brustkorb mit beiden Händen stoßweise komprimieren und wieder loslassen.

Das ABC der Reanimation

Passive künstliche Beatmung

Die Luft wird passiv vom Hund eingesogen, da der Brustkorb vorher komprimiert wurde.

Je nach Größe des Hundes wird mit einer oder mit beiden Händen stoßartig auf den Brustkorb (da, wo die Rippen zu fühlen sind) des Hundes in Seitenlage gedrückt. Die Luft entweicht aus den Atemwegen. Beim Loslassen weitet sich der Brustkorb wieder und Luft wird passiv in die Atemwege eingesogen. Diese Technik bietet sich vor allem für sehr kleine Hunde an, da hier die Mund-zu-Maul/Nase-Beatmung oft technisch schwierig ist. Man kann aber auch aktive und passive Beatmung miteinander kombinieren.

Die Frequenz für diesen Vorgang ist wiederum einmal pro 2 bis 3 Sekunden.

C = Cardiale Reanimation bei Herzstillstand (cardial = herzbezogen)

Präcordialer Faustschlag

Durch einen Faustschlag auf die linke Brustkorbseite oberhalb des Ellenbogens im Bereich der zweiten Rippe soll das Erregungszentrum des Herzens von außen »reaktiviert«

Das Herzfeld befindet sich auf der linken Brustkorbseite, über einer gedachten Waagerechten vom Ellenbogen aus zwischen dem 3. und 6. Zwischenrippenraum.

werden. Der Schlag sollte der Größe des Hundes angepasst, aber dennoch kräftig sein. Man kann dabei sogar unabsichtlich eine Rippe brechen, aber in diesem Augenblick hat zunächst die Herzfunktion absolute Priorität.

Die Herzdruckmassage erfolgt dann nach dem Faustschlag, der nur in der ersten Minute nach dem Herzstillstand wirksam ist, direkt über dem Herzfeld

Herzmassage

Diese schließt sich einem präcordialen Faustschlag unmittelbar an, falls das Herz immer noch nicht schlägt. Das Prinzip ist immer gleich: Stoßartiger Druck auf das Herzfeld von außen mit anschließender Entlastung in einer Frequenz von etwas mehr als einmal pro Sekunde. Die Kraft muss der Größe des Hundes angepasst sein.

Herzmassage dem Hund anpassen

Sehr kleine Hunde (z. B. Yorkshire-Terrier): Druck durch den Daumen, Hund in Rückenlage, die linke Hand umfasst den Brustkorb.
Kleine Hunde (z. B. Beagle): Druck durch die Handfläche einer Hand, Kraft aus dem Oberkörper, Hund liegt auf der rechten Seite.
Große Hunde (z. B. Schäferhund): Druck durch beide aufeinandergelegte Hände (wie beim Menschen), Kraft aus dem Oberkörper, Hund liegt auf der rechten Seite.

Notfallapotheke

Stellen Sie für Ihren Hund die folgende Notfallapotheke zusammen. Sinnvoll ist es, eine zweite im Auto immer dabei zu haben.

1. sterile Gazetupfer
2. mehrere elastische Mullbinden
3. (selbstklebende) Verbandsrollen
4. Klebe-Pflasterrolle
5. Watte
6. Schere
7. antiseptischer Puder
8. Wunddesinfektionsmittel
9. Heparin-Salbe
10. Brand- / Antihistaminikum-Salbe
11. Fieberthermometer
12. Taschenlampe
13. physiologische Kochsalzlösung
    (in der Apotheke oder beim Tierarzt erhältlich)
14. Einmalhandschuhe
15. Ersatzleine
16. evtl. Maulkorb in der passenden Größe
17. evtl. Stethoskop

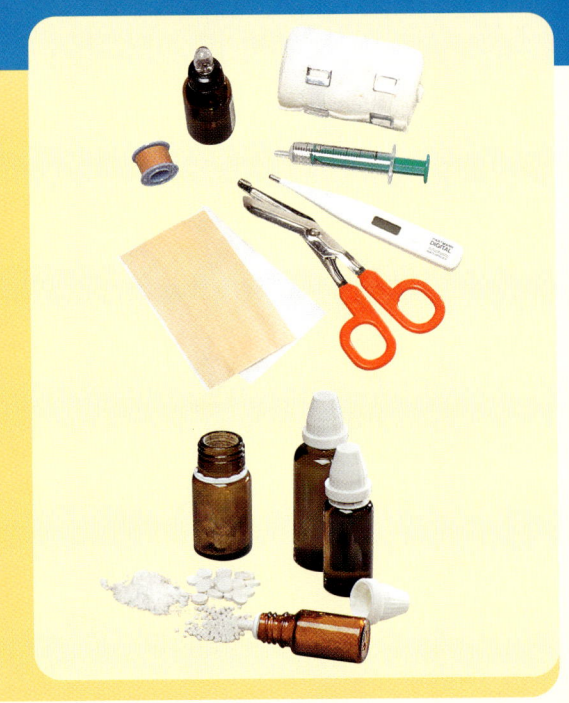

Eine kleinere Pfotenverletzung ist schnell passiert. Gut, wenn man dann eine Notfallapotheke zur Hand hat.

Blutungen stillen

Eine Mullbinde dient als Kompresse für einen Druckverband.

Die Kompresse drückt auf die Wunde ...

Um der Gefahr der Verblutung vorzubeugen, ist eine der wichtigsten Sofortmaßnahmen beim verletzten Hund, dass Blutungen, die äußerlich sichtbar sind, zum Stillstand gebracht werden.

Druckverband

Sinn dieses Verbandes ist es, Druck auf die verletzten Blutgefäße, d. h. auf die Wunde, auszuüben, so dass diese »zugequetscht« werden. Hierzu bringen Sie in einen normalen Verband einen Gegenstand ein, der Druck auf die Wunde erzeugt. Der Gegenstand – das kann z. B. eine Kerze, ein Holzstück oder eine gerollte Mullbinde sein – soll der

Größe der Wunde entsprechen. Ein Druckverband lässt sich gut an den Beinen, aber auch am Rumpf (man muss den Verband nur um den ganzen Rumpf wickeln) und an vielen anderen Körperstellen anlegen.

Abbinden

Ziel ist es, durch das Abbinden die Blutgefäße, die den Wundbereich mit Blut versorgen, »abzuschnüren«. Das ist dabei unbedingt zu beachten

1 Nur wenn kein Druckverband möglich ist und sehr starke Blutungen vorliegen, sollen Beine oder Schwanz abgebunden werden.

... und wird mit einem festen Verband fixiert.

2 So nah wie möglich am Wundbereich abbinden.
3 Falls es nicht möglich ist, nah an der Wunde abzubinden, wird an der Vordergliedmaße oberhalb des Ellenbogens und an der Hintergliedmaße oberhalb des Knies abgebunden.
4 Kein einschneidendes Material verwenden!
Am besten eignet sich Mull oder ein dünner Gummischlauch (Esmarsche Binde) oder ein Gürtel.
5 Der Stau darf, wenn einmal abgebunden war, nicht mehr gelöst werden bzw. erst beim Tierarzt.
6 Möglichst nicht länger als 30 Min. abgebunden lassen (d. h., bis dahin sollte der Tierarzt erreicht sein).

7 Falls weder Druckverband noch Abbinden möglich sind, muss mit der Hand und sterilen Gaze-Tupfern – notfalls auch mit einem Taschentuch – so viel Druck auf die Blutung ausgeübt werden, dass sie zum Stillstand kommt.

Blutungen

Leichte Sickerblutung: Hier hilft meist schon langes Halten unter oder in kaltes Wasser und das anschließende Anlegen eines Verbandes.
Starke Blutung: Sehr viel Blut verlässt die Wunde, die Blutung lässt sich auch durch kaltes Wasser und manuellen Druck nicht stillen. Besonders arterielle Blutungen erkennt man am pulsartigen Austreten des Blutes aus der Wunde.
Sichtbare innere Blutungen: Diese zeigen sich, wenn sie nicht in eine Körperhöhle bluten, oftmals durch schnelle starke Schwellungen (Bluterguss). Diese Blutungen können durch Kälte (Cold-Pack) zum Stillstand gebracht werden.

Die richtige Reihenfolge

Für jede äußerliche Wunde
(Ausnahmen: Auge, offene Körperhöhlen)
gilt allgemein folgende Reihenfolge der
Behandlung:

1 **Blutung stillen**
   Starke Blutungen erkennt man daran,
   dass auch nach der Behandlung mit
   kaltem Wasser viel Blut (nicht nur sickernd)
   pulsartig die Wunde verlässt.
   Siehe hierzu »Blutungen stillen« auf S. 26.
2 **Reinigung**
3 **Desinfektion**
4 **Verband**
5 **chirurgische oder konservative**
   Weiterbehandlung
   (entscheidet der Tierarzt)

Reinigung und Desinfektion

Die Blutstillung, Reinigung und erste Desinfektion kann recht einfach erfolgen, indem Sie die Wunde sofort und möglichst lange unter oder in kaltes, sauberes Wasser halten. Am besten eignet sich hierfür kaltes Leitungswasser, da dieses nahezu keimfrei ist, aber auch ein klarer Bach tut Gutes. Das kalte Wasser lässt kleinere Blutgefäße sich zusammenziehen, so dass die Blutung schwächer wird. Gleichzeitig werden Keime, mit denen die Wunde immer infiziert ist (einzige Ausnahme sind Operationswunden) aus dem Gewebe gespült.

Die nachfolgende Desinfektion soll restliche Keime abtöten, so dass die Wunde später nicht eitert und so schneller heilen kann. Dies kann sowohl durch die Behandlung mit Wunddesinfektionsmitteln (jodhaltig oder Wasserstoffperoxid 3–6 %, siehe auch Notfallapotheke auf S. 24) als auch direkt durch antiseptische Wundpuder erreicht werden.

In solch abenteuerlichem Gelände besteht die Gefahr, dass Ihr Hund irgendwo hängen bleibt und sich verletzt.

Verbände anlegen

Richtig verbinden

1 Haare um den Wundrand mit der Schere oder Schermaschine kürzen/entfernen.
2 Die Wunde nach dem Reinigen vollständig mit Puder bedecken.
3 Anschließend die Wunde vollständig mit sterilen Gaze-Tupfern abdecken. Falls nicht vorhanden, verwendet man ein sauberes Taschentuch oder sauberen Stoff.
4 Jetzt wird der Bereich der Wunde gut mit Watte gepolstert, danach der gesamte Bereich, über den der Verband angelegt werden soll.
5 Nach der Watte kommen Mullbinden. Sie werden – falls elastisch – mit mäßigem Zug so um die betreffende Körperpartie (Bein, Rumpf, Hals, Schwanz, diagonal über Kopf) gewickelt, dass der Verband auf der Wunde hält.
6 Schließlich wird das Ganze mit Pflaster-Klebestreifen gut befestigt (bei Beinverbänden, bis kein Mull mehr zu sehen ist.
7 Der Verband muss immer gut mit Watte gepolstert sein.
8 Bei einem Pfotenverband muss immer zwischen den Zehen mit Watte gepolstert werden.

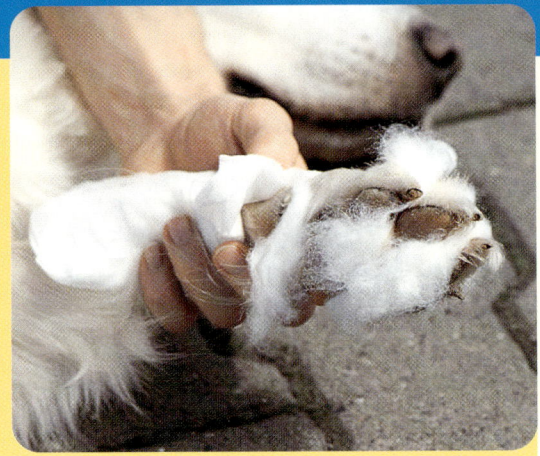

Für einen Pfotenverband müssen die Zehenzwischenräume gut mit Watte gepolstert werden.

9 Der Verband darf nicht zu eng anliegen – lieber zu locker.
10 Der Verband darf nicht durchnässt werden.
11 Ein Verband muss mindestens alle 2 Tage gewechselt werden.

Dann erst können Sie die Pfote komplett verbinden.

Der Robert-Jones-Verband

Hierbei handelt es sich um einen Spezialverband, der zum einen das Bein stabil »schient«. Zum anderen beschleunigt er die Heilung dadurch, dass sich unter seiner dicken Polsterung Wärme entwickelt.

So gehen Sie vor:

1. Evtl. Wunde versorgen
2. Auf Innen- und Außenseite des Beines Pflasterstreifen kleben, die doppelt so lang wie das Bein sind.
3. Bein mit 3 bis 4 Lagen Watte dick und gleichmäßig umwickeln, Zehenende frei lassen.
4. Wattelagen mit mehreren elastischen Mullbinden unter gleichmäßigem, nicht zu starkem Zug fixieren.
5. Pflasterstreifen, die unten aus dem Verband ragen, einmal drehen und am Bein entlang »hochkleben«.
6. Mit einer weiteren Lage elastischer Mullbinden abschließen.

Verbände anlegen

Schienen eines Bruches

Als Schiene eignet sich grundsätzlich alles, was stabil und länglich ist, in Länge und Stärke dem Bein des verletzten Hundes angepasst werden kann und so stabil ist, dass es nicht zerbricht.

1 Es werden grundsätzlich nur Brüche »unterhalb« des Ellbogens bzw. des Knies geschient.
2 Der gebrochene Knochen wird sehr vorsichtig in seine normale Stellung gebracht, falls dies nicht mit zu großen Schmerzen verbunden ist, sonst sein lassen.
3 Danach wird eine normale Mullbinde um das Bein gewickelt.
4 Jetzt kommt (falls vorhanden) eine Schicht Watte um das Bein.
5 Danach folgt erst die Schiene, die die beiden benachbarten Gelenke mitschienen muss!
6 Nun kommt eventuell noch eine Lage Watte um die Schiene und das Bein.
7 Schließlich eine (elastische) Binde um die bisherigen Schichten bringen.
8 Das Ganze wird mit Pflaster befestigt.

Wenn Sie mit dem Auto unterwegs sind, haben Sie schon alle Materialien zum provisorischen Schienen eines Bruches dabei.

Polstern Sie das verletzte Bein gut ab, bevor Sie die Fußmatte als stabilisierende Schiene umlegen.

Dann fixieren Sie das ganze mit einer elastischen Binde. Bis zur ärztlichen Behandlung ist der Bruch gut versorgt.

Knochenbrüche

Knochenbrüche entstehen durch Gewalteinwirkungen auf einen Knochen. Jeder Knochen im Körper kann gebrochen werden, vor allem aber sind beim Hund durch Unfälle die Knochen der Beine und Pfoten, die Beckenknochen, die Kieferknochen und die Rippen betroffen. Knochenbrüche können quer oder längs, vollständig, unvollständig oder getrümmert, offen oder gedeckt (d.h. verschlossen) vorkommen. Als Komplikationen können spitze Knochenenden das umliegende Gewebe oder Organe verletzen (beispielsweise Lunge oder Herz durch spitze Rippenenden), oder starke Blutungen können zum Schock führen, grundsätzlich sind Knochenbrüche aber in den meisten Fällen nicht lebensbedrohlich.

Maßnahmen

1 Bruchstelle möglichst wenig bewegen.
2 Bei offenen Brüchen: Wundversorgung.
3 Bei Gliedmaßenbrüchen: Schienung.
4 Bei Kieferbruch: Kühlung (Cold-Pack).
5 Bei Rippenbruch den Hund auf die verletzte Seite legen.

Autounfälle haben oft auch Knochenbrüche zur Folge.

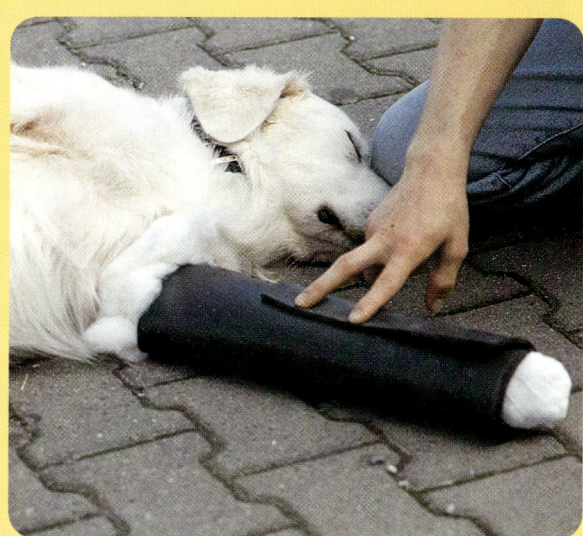

Ein Bruch sollte immer geschient werden, um Schmerzen beim Transport zu vermeiden.

Symptome Knochenbruch

1 Abnorme Beweglichkeit oder Stellung eines Körperteils
2 Große Schmerzen an der Bruchstelle
3 Bei Brüchen der Gliedmaßen höchstgradige Lahmheit (Pfote wird nicht belastet)
4 Starke, schnelle Schwellung der Bruchumgebung
5 Bei Beckenbrüchen evtl. Lahmheit beider Hintergliedmaßen
6 Krepitationsgeräusch

Dies hört man, wenn Knochenenden aufeinander schaben. Es hört sich an, als ob man durch frischen Schnee geht. Auslösen kann man das Geräusch nur bei vollständigen Brüchen. Es ist für den Hund sehr schmerzhaft und sollte bei einem nicht narkotisierten Tier unterlassen werden, v. a. wenn ein Bruch ohnehin offensichtlich ist!

Augenlidverletzungen

Verletzungen des Augenlides entstehen oft durch Katzenhiebe, Bisse, Drähte, andere scharfe Traumata (Schnitt, Stich) oder stumpfe Gewalteinwirkung (Schlag) und sind entweder offen (bluten) oder gedeckt. Da das Augenlid sehr stark durchblutet ist, schwillt es meist stark an.

Maßnahmen

1 Mit kaltem, klarem Wasser ausspülen, besser ist physiologische Kochsalzlösung (s. S. 24 Notfallapotheke).
2 Mit sterilen Gaze-Tupfern abdecken
3 Sauberes Cold-Pack aufs Auge legen, um die Schwellung zu mildern.
4 Auge mittels Kochsalzlösung am Austrocknen hindern (ständig draufträufeln).

Hornhautverletzungen

Bei jeder Verletzung der Augenlider oder der näheren Umgebung ist auch eine Hornhautverletzung möglich. Man kann sie mit bloßem Auge jedoch oft nicht erkennen, der Tierarzt muss die Hornhaut untersuchen. Auch Fremdkörper können die Hornhaut verletzen, sei es dadurch, dass sie ohnehin in ihr stecken (Holzsplitter) oder dadurch, dass sie sich im Inneren des Augenlids befinden und durch den Lidschluss immer wieder auf dem Auge reiben (Sandkorn).

Maßnahmen

1 Auge mit Leitungswasser oder besser physiologischer Kochsalzlösung waschen und feucht halten (drauftropfen).
2 Hund daran hindern, sich am Auge zu kratzen!
3 Fremdkörper nicht herausziehen.
4 Sofort zum Tierarzt!

Ohrenverletzungen

Verletzungen der Ohren entstehen meist durch Bisse, spitze Drähte (Stacheldraht) oder Stöcke und betreffen den Ohrlappen/-trichter und/oder den äußeren Gehörgang. Der Hund kann hierdurch jedoch nicht den Gehörsinn verlieren, die entsprechenden Organe liegen tief in der Kopfhöhle. Durch fehlende und unzureichende Behandlung aber können sich die Wunden infizieren, und diese Keime können wiederum zu einer Ohrenentzündung auch der inneren

Vor allem Hunde mit Hängeohren ziehen sich leicht Verletzungen daran zu.

Gehörgänge führen, insbesondere da oft Blut in den äußeren Gehörgang gelangt, das einen hervorragenden Nährboden für Bakterien bietet.

Maßnahmen

1 Ohrenverletzungen bluten meist sehr stark, Druckverbände lassen sich aber kaum anbringen, und abbinden kann man die Ohren auch nicht. Hier hilft nur ständiges Pressen mit der Hand und sterilen Gaze-Tupfern auf die Wunde.

2 Hat die Wunde aufgehört, (stark) zu bluten, wird sie wie eine normale Wunde behandelt, der Gehörgang gereinigt und ein Ohrenverband angelegt.

3 Der Ohrverband wird um den gesamten Kopf gewickelt, so daß das Ohr am Kopf anliegt und so auch vor weiteren Verletzungen oder einem erneuten Aufreißen der Wunde, weil sich der Hund vielleicht kratzt, geschützt ist.

Maulverletzungen

Im Maulbereich können können die Lefzen, das Zahnfleisch, der Gaumen, die Zunge, die Zähne und/oder ein Nerv (nervus hypoglossus) geschädigt werden. Die Schleimhaut des Mauls ist wie alle Schleimhäute sehr gut durchblutet, daher bluten Verletzungen im Maul oft sehr stark, wobei eine Blutstillung für Sie kaum möglich ist.

Ursache für Verletzungen im Maulbereich sowie Zahnfrakturen können Stürze, Verkehrsunfälle, Beißereien, Fremdkörper (spitze Gegenstände wie Knochensplitter, Holzsplitter, Nägel, Nadeln, Angelhaken etc.) und das Spielen mit Steinen sein.

Zahnfrakturen

Die Fangzähne sind beim Hund sehr häufig betroffen. Oft wird der Zahn so tief gebrochen, dass seine »Versorgungshöhle«, die Zahn-Pulpa, mit eröffnet wird, die im direkten Kontakt zur Blutbahn steht. Diese infiziert sich und es kann im Anschluss zur Entzündung/Vereiterung der Zahnwurzel/des Zahnfachs bis hin zur Infektion des Kieferknochens kommen.

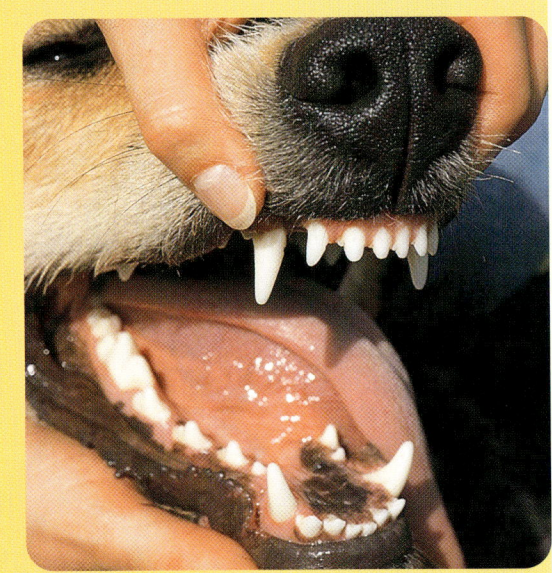

Regelmäßige Zahnkontrolle ist bei jedem Hund wichtig.

Maßnahmen

1 Klares, kaltes Wasser zu trinken geben (in Maßen).
2 Nichts mehr zu fressen geben,
3 Maul auf Fremdkörper kontrollieren und diesen gegebenenfalls entfernen. Schwillt die Stelle an, versuchen Sie von außen mit einem Cold-Pack zu kühlen.
4 Bei Bewusstlosigkeit: Atemwege freihalten, evtl. geronnenes Blut entfernen,
5 Bei starker Schwellung, Blutung oder abgebrochenem Zahn: zum Tierarzt.

Symptome Maulverletzung

1 Bluten aus dem Maul oder roter Speichel
2 Offenhalten des Fangs
3 Futterverweigerung
4 Die Zunge hängt aus dem Maul (vorne oder nur auf einer Seite), ohne dass sie zurückgezogen werden kann
5 Abgebrochener Zahn
6 Futter kommt wieder aus der Nase heraus

Ungeeignete Kaumaterialien verursachen oft Verletzungen im Maulbereich oder gar Zahnfrakturen.

Verletzungen von Bauchhöhlenorganen

Alle in der Bauch- (und Becken-)höhle gelegenen Organe (Leber, Magen, Bauchspeicheldrüse, Darm, Milz, Nieren, Blase, ableitende Harnwege und ein Teil der weiblichen Geschlechtsorgane) können durch starke Gewalteinwirkung (Unfall, Sturz, (Huf-)Tritt etc.) gequetscht/geprellt werden oder auch reißen.

Zunächst kommt es durch solche Verletzungen zu starken oder sehr starken (Milz, Leber) Blutungen in die Bauchhöhle. Das Blut geht so dem Kreislauf verloren, und ein Volumenmangel-Schock (s. S. 14 Schock) kann eine lebensbedrohliche Situation herbeiführen.

Auch die individuellen Schäden an den jeweiligen Organen können zum Tode führen (Leberversagen, Nierenversagen). Schließlich kann es auch durch Austritt von Verdauungsenzymen (Bauchspeicheldrüse), Bakterien (Magen-/Darminhalt) oder Harn (Niere, Blase, Harnleiter, Harnröhre) in die Bauchhöhle zu lebensbedrohlichen Komplikationen kommen.

Man kann solche Verletzungen von außen immer nur vermuten, die endgültige Klarheit schafft nur weitere Diagnostik (Blutwerte, Ultraschall, Radiologie) durch den Tierarzt.

Maßnahmen

1 Hund ruhig behandeln und vorsichtig transportieren
2 Auf Bewußtlosigkeit achten
3 Auf Schleimhäute, Herzschlag, Atmung achten
4 Falls Atem- und/oder Herzstillstand: Reanimation
5 Schnellstens zum Tierarzt

Symptome Innere Verletzungen

1 Schockanzeichen (siehe S. 14)
2 Starke Schmerzen in der Bauchregion
3 Volumenzunahme des Bauchraums
4 Evtl. plätschernde Geräusche (Stethoskop!) bzw. »Wellen«-Bewegungen beim Klopfen gegen die Bauchwand
5 Evtl. fehlender Harnabsatz
6 Evtl. Fieber
7 Evtl. Bewusstlosigkeit

Durch Tritte von großen Tieren wie Pferden oder auch Kühen können innere Verletzungen entstehen.

Verbrennungen

Auch Hunde können sich auf die verschiedensten Arten und Weisen Verbrennungen zuziehen, sei es durch Flammen selbst, glühende oder heiße Gegenstände (Grillkohle, Herdplatte, Bügeleisen etc.), kochende Dämpfe oder Wasser sowie andere heiße Flüssigkeiten. Grundsätzlich besteht bei großflächigen Verbrennungen (ab ¼ der Körperoberfläche) sowie immer bei Verbrennungen 3. oder 4. Grades akute Lebensgefahr.

Verbrennung 1. Grades

Sie ist gekennzeichnet durch Rötung der Haut und Schwellung sowie Schmerz. Die Hautpartie ist wärmer, es entsteht keine Blase. Leichte Verbrennungen (bzw. kurzzeitige) sowie der allseits bekannte, leichte Sonnenbrand (an haarlosen Körperstellen) gehören in diese Kategorie.

Maßnahmen
1 Kühlung bis zur tierärztlichen Behandlung durch kaltes Wasser/mit kaltem Wasser getränkte Tücher/Cold-Packs/klarer Bach/Badewanne/Wasserschlauch etc. Improvisation ist gefragt!
2 Schockmaßnahmen
3 Später kühlende Gels/Salben auftragen, evtl. mit Antihistaminika

Verbrennung 2. Grades

Bei der Verbrennung 2. Grades entsteht die typische Brandblase zusätzlich zu den oben genannten Anzeichen. Sie füllt sich zunehmend mit einer durchsichtigen bis gelblichen Flüssigkeit.

Maßnahmen
1 Kühlung wie beim 1. Grad
2 Schockmaßnahmen
3 Später Öffnung der Blase durch den Tierarzt und Behandlung mit austrocknenden Pudern und Heilsalben

Verbrennung 3. Grades

Bei diesem schweren Grad bildet sich durch die Hitze bei der Verbrennung ein Schorf im Zentrum der Verbrennung. Dieses verbrannte Gewebe ist tot, deshalb nennt man dies Nekrose. Diese Nekrose kann zunächst feucht und nässend sein, ist braunrötlich bis schwarz und trocknet zunehmend

Romantisch aber auch gefährlich. Lassen Sie Ihren Hund nie unbeaufsichtigt mit offenem Feuer (Funkenflug!).

aus. Sie sieht einer Kruste auf einer heilenden Wunde ziemlich ähnlich.

Maßnahmen

1 Kühlung
2 Hund weit von dem Brandherd wegbringen.
3 Abdecken der Brandwunde mit sterilen, mit Kochsalz-lösung (oder Leitungswasser) getränkten Gaze-Tupfern oder mit Frischhaltefolie.
4 Vorsichtige Entfernung nekrotisierter Hautbezirke, falls dies schmerzfrei geschehen kann!
5 Schockmaßnahmen

Verbrennung 4. Grades

Die betroffenen Körperstellen sind verkohlt.

Maßnahmen

1 Kühlung
2 Hund vom Brandherd entfernen.
3 Abdeckung der Brandwunde mit sterilen, mit Kochsalzlösung getränkten Gaze-Tupfern.
4 Evtl. Entfernung nekrotisierter Hautbezirke.
5 Schockmaßnahmen

Erfrierungen

Lokale Erfrierung

Lokal bedeutet örtlich, und eine örtliche Erfrierung kann beim Hund an Körperteilen auftreten, die nicht oder wenig durch Fell geschützt sind, leicht feucht werden oder/und wund sind, wie Ballen, Gesäuge, Hoden, Penis. Temperaturen unter -15 °C und Temperaturen unter 0 °C in Kombination mit Nässe können dort zu Erfrierungen führen.

Symptome

1 Erste Anzeichen sind Taubheit und Blässe (außer Ballen) der betroffenen Gewebebezirke.
2 1. Grad: Rötung und Schmerz
3 2. Grad: Blasen mit roter Flüssigkeit und Schmerz
4 3. Grad: abgestorbenes, weiches, poröses, taubes Gewebe

Maßnahmen

1 Unter kaltem Wasser oder mit Eis oder Schnee betroffene Körperstelle massieren;
2 nach ein paar Minuten Temperatur des betroffenen Körperteils langsam steigern;
3 Körperstelle mit fettender Heilsalbe bedecken;
4 Verband anlegen und zum Tierarzt fahren.

Langes Sitzen auf kaltem, feuchtem Schnee kann zu Erfrierungen führen.

Allgemeine Erfrierungen

Erfrierungen, die den gesamten Organismus betreffen, kommen meist bei Welpen oder sehr alten, kranken, unterernährten, nicht an tiefe Temperaturen gewöhnten oder

Ausreichend Bewegung hält Ihren Hund auch bei frostigem Wetter warm.

wenig behaarten Hunden vor. Auch das Einbrechen in Eis (Kombination von Kälte und Nässe) kann eine Ursache sein. Zunächst kommt es zu erheblichem Muskelzittern, Schwäche, steifem Gang und langsamer Herz- und Atemfrequenz (s. S. 12, Physiologische Parameter), schließlich zum Tod in Bewußtlosigkeit, wenn die Körpertemperatur unter 20–22 °C abfällt.

Was tun bei Erfrierung?

1. Den Hund (trocken) rubbeln und massieren.
2. In einen kühlen Raum bringen und mit einer Decke bedecken.
3. Kalten Bohnenkaffee einflößen, ca. 2–5 ml pro 10 kg Körpergewicht.
4. Körpertemperatur überwachen (mittels Fieberthermometer).
5. Bei Atem-/Herzstillstand: Reanimation.
6. Innerhalb 1 Stunde Raum auf Zimmertemperatur bringen.
7. Nach 1,5–2 Stunden Hund mit Wärmeflasche und/oder Rotlichtlampe noch wärmer halten.
8. Schnellstmöglich Rücksprache mit dem Tierarzt.

Hitzschlag

Der Körper des Hundes ist nur sehr bedingt in der Lage, hohe Temperaturen durch Wärmeabgabe mittels Hecheln sowie durch Verdunstungkälte mittels Schwitzen zu kompensieren, da er nur an den Ballen über Schweißdrüsen verfügt. So kommt es bei hohen »Außentemperaturen«, d. h., Temperaturen, denen der Hund ausgesetzt ist (auch insbesondere im Auto oder in stickigen, schlecht belüfteten Räumen im Sommer), schnell zu einem so hohen Anstieg der Körperinnentemperatur, so dass der Kreislauf des Hundes zusammenbricht.

Symptome Hitzschlag

1 Hohe Atemfrequenz, starkes Hecheln
2 Hohe Herzfrequenz
3 Schwacher Puls
4 Blasse oder bläuliche Schleimhäute
5 Schwäche, Taumeln
6 Festliegen, d. h. nicht mehr aufstehen können
7 Erhöhte Körpertemperatur bis zu 42 °C
8 Bewusstlosigkeit

Lange anstrengende Ausflüge sollten nicht gerade in der größten Mittagshitze stattfinden.

Geben Sie Ihrem Hund vor allem in den heißen Sommermonaten immer ausreichend zu trinken.

Maßnahmen Hitzschlag

1. So viel frische Luft wie möglich (alle Fenster auf, Hund aus dem Auto hinaussetzen, zur Not Fenster einschlagen).
2. Kühlung des Hundes mit kaltem Wasser oder kalt-feuchten Umschlägen (Tücher, nasse Decke, Schlauch, Badesee, Badewanne etc), behutsam an den Gliedmaßen beginnend.
3. Wasser trinken lassen (nicht zu kaltes Wasser, aber lieber kaltes Wasser, als gar keines).
4. Den Hund ausruhen lassen.
5. Schockmaßnahmen, aber nicht in eine Decke wickeln.
6. Evtl. Reanimation.

Ertrinken

Alle Hunde können von Natur aus schwimmen, der eine mehr, der andere weniger gut, aber je nach Kondition unterschiedlich lange. Ist die Kraft verbraucht, so können auch Hunde ertrinken.

Maßnahmen

1 Hund kopfüber an den Hinterbeinen hochheben und schwenken/schütteln, so kann das Wasser die Lunge und die Atemwege wieder verlassen (so lange hochhalten, wie Wasser herauskommt);
2 Große Hunde werden auf eine »schiefe Ebene« gelegt, d. h., das Hinterteil ist erhöht
3 Atmung durch kräftiges Rubbeln über die Rippen-/ Brustbeinregion anregen;
4 Bei Bewußtlosigkeit, weiterem Atemstillstand, Herzstillstand: abhören, Puls fühlen, falls nötig Reanimation
5 Bei sehr kaltem Wasser: Hund gut trockenreiben und in Decke/Handtuch/Jacke etc. einwickeln;
6 Temperatur messen, sobald der Hund wieder atmet
7 Sofort zum Tierarzt

Vorbeugung

Dem Ertrinken kann man durch einfache Vorsichtsmaßnahmen fast einhunderprozentig vorbeugen.

▶ Leinen Sie Ihren Hund an, wenn ein unbekanntes Gewässer in der Nähe ist.
▶ Lassen Sie Ihren Hund nie in einem Gewässern schwimmen, aus dem er nicht alleine wieder herausklettern kann. Hierzu gehören z. B. künstlich angelegte Kanäle oder auch Schwimmbäder. Auch in ein Boot kann ein Hund alleine nicht wieder einsteigen.
▶ In Flüssen mit starker Strömung sollten Sie Ihren Hund nicht schwimmen lassen.
▶ Vorsicht bei dünnem Eis – Ihr Hund könnte einbrechen!
▶ Hund mit ausgeprägtem Jagdtrieb auf Wasserwild gehören an Seen zur Sicherheit an die Leine.
▶ Alten oder kranken Hunden dürfen Sie ein Stöckchen nie zu weit ins Wasser werfen.

Viele Hunde lieben das Wasser und können auch gut schwimmen.

Achten Sie aber darauf, dass sich Ihr Hund nie so weit vom Ufer entfernt, dass er den Rückweg nicht mehr schafft.

Vergiftungen

Giftig kann grundsätzlich alles sein, es kommt nur darauf an, welche Menge eines Stoffes von einem Lebewesen aufgenommen wird (= Dosis). Es gibt unüberschaubare Möglichkeiten für Vergiftungen.

Anzeichen
Alle Anzeichen einer möglichen Vergiftung können auch für unzählige andere Erkrankungen sprechen. Wenn diese Krankheits-Anzeichen jedoch sehr plötzlich auftreten und Sie sie sich überhaupt nicht erklären können oder bei Ihnen ohnehin eine Aufnahmevermutung (Rattengift in der Nachbarschaft etc.) besteht, immer auch an eine Vergiftung denken!

Maßnahmen
1 Den Hund (soweit ersichtlich) von der Giftquelle entfernen!
2 Bei Erbrechen, vor allem bei zunehmender Bewusstseinstrübung: Atemwege freihalten.
3 Bei Atmungs-/Herzstillstand: Reanimation
4 Allgemeine Schockmaßnahmen
5 Bei vermuteter Aufnahme des Giftes über das Maul: Versuchen Sie, den Hund mittels Eingabe von lauwarmem Salzwasser (3 Teelöffel Salz auf 1 Tasse Wasser), zum Erbrechen zu bringen, aber nur wenn der Hund bei vollem Bewusstsein ist, sich nicht zu stark dagegen wehrt und es sich bei den Giften sicher nicht um stark reizende Chemikalien gehandelt hat (Säuren, Laugen etc.); im Zweifelsfalle lieber sein lassen.
6 Bei vermuteter Aufnahme über die Luft: Hund schnellstens an die frische Luft bringen oder alle Fenster öffnen und gut durchlüften.
7 Bei vermuteter Aufnahme über die Haut/Pfoten: Hund mit klarem Wasser gründlich abwaschen (Badewanne/Dusche/Bach).
8 Schon beim Telefonat mit dem Tierarzt diesem Ihre Vermutungen mitteilen. Wichtig ist auch der genaue Handelsname des Giftes oder der Wirkstoffname. Der Tierarzt hat dann die Möglichkeit, sich auf diesen individuellen Vergiftungsfall vorzubereiten und ein Gegengift nachzuschlagen oder zu besorgen.

Zahlreiche Stoffe, die im Haushalt Verwendung finden, sind für Ihren Hund giftig. Lassen Sie sie deshalb nie offen herumstehen.

9 Falls möglich, sollten Sie eine Probe von dem Gift mit zum Tierarzt nehmen. Wenn Sie nicht wissen, ob etwas giftig war, nehmen Sie am besten die Verpackung mit zum Tierarztbesuch.

Aufnahmemöglichkeiten für Gifte

1 Orale Aufnahme: Der Hund frisst eine giftige Substanz oder leckt daran (Rattengift, Medikamente, Putzmittel).

2 Alimentäre Aufnahme: Dies ist eine »Sonderform« der oralen Aufnahme. Der Hund frisst ein verdorbenes oder vergiftetes Lebensmittel (Futter, Maus, Ratte).

3 Aerogene Aufnahme: Der Hund atmet die giftige Substanz ein (Kohlenmonoxid in Garagen).

4 Aufnahme durch Hautkontakt: Viele Stoffe sind in der Lage, über die Haut in den Körper einzudringen (Kontaktinsektizide, Chemikalien, Unkrautvernichtungsmittel).

5 Vergiftung per Injektion: Das kann eine vom Tierarzt absichtlich verabreichte Überdosis eines Medikaments sein (Euthanasie), aber auch ein Insektenstich ist eine »Injektion«.

Bisse und Stiche

Hunde- und Katzenbisse

Diese sind durch oft nur nadelspitzgroße Einstiche der Fangzähne, sehr schwer zu erkennen und heilen zunächst scheinbar problemlos zu. Unter den Krüstchen entwickelt sich leicht eine gefährliche Wundinfektion, da die Keime aus der Maulhöhle unter Luftausschluss (im Gewebe unter der Haut) prima leben können.
Es entsteht eine Unterhautphlegmone oder ein Abszess mit schweren Allgemeinstörungen, unter Umständen sogar bis hin zur Blutvergiftung.

Maßnahme

Gute Wundversorgung und besser in jedem Fall vorsorglich eine Antibiotika-Therapie durch den Tierarzt.

Zeckenbisse

Zecken lauern dem Hund in Hecken und im Unterholz des Waldes oder Gartens auf. Sie beißen sich meist dort fest, wo die Haut dünn oder warm ist (Zwischenschenkel-, Hals- oder Nackenbereich), oft auch an allen anderen Körperstellen (sogar auf der Zunge). Über den Zeckenspeichel können lebensgefährliche Krankheiten auf den

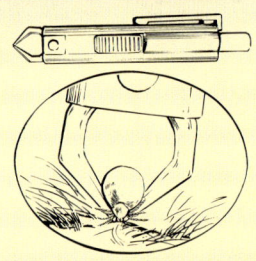

Um Zeckenbisse werden Sie sicher nicht herum kommen. Fassen Sie die Zecke dicht über der Haut, um sie komplett entfernen zu können.

Hund übertragen werden; der Biss einer weibliche Zecke kann Lähmungen verursachen.

Vorbeugung

1 Viele der sich im Handel befindlichen »Anti-Zecken-Mittel« (Halsbänder etc.) sind von ihrer Wirkung her als sehr fraglich zu beurteilen. Fragen Sie Ihren Tierarzt um Rat.
2 Untersuchen Sie das Fell Ihres Hundes in der warmen Jahreszeit täglich auf Zecken.

Maßnahmen

1 Zecke mit Pinzette oder Zeckenzange am Kopf fassen und herausdrehen, keine Vorbehandlung (z. B. mit Ölen).
2 Bissstelle desinfizieren und mit Wundsalbe behandeln.
3 Bei Lähmungen (Gesicht, Beine, Atemmuskulatur) den Tierarzt aufsuchen.
4 Einige Tage Allgemeinbefinden kontrollieren.

Insektenstiche

Durch die Allergen-Wirkung vieler Insektengifte (Biene, Wespe, Hornisse) oder deren Speichel (Mücke, Bremse) kommt es an der Einstichstelle schnell zu starken Schwellungen (Ödem) und Schmerz (evtl. können Sie einen plötzlichen Aufschrei des Hundes beobachten und heftiges Belecken einer Körperstelle bzw. Kratzen). Bei Stichen innen im Maul/Rachen (z. B. Wespe im Fressnapf) oder außen im Halsbereich droht wegen der Schwellung (besonders stark bei Schleimhäuten) Erstickungsgefahr!

Maßnahmen

1 Schwellung durch Auflegen von Cold-Packs und/oder feucht-kalten Umschlägen mit Essigsaurer Tonerde stoppen.
2 Weiterhin kann auch Essigwasser oder Salmiak-Geist oder eine rohe Zwiebelscheibe genommen werden (nicht in Maul-, Nasen-, Augenregion).
3 Antihistaminika-Gel auftragen.
4 Hund am ständigen Belecken hindern (kann zu Ekzem führen), indem Sie ihm T-Shirt, Halskragen oder einen Strumpf anziehen.

Stiche in Maul oder Halsregioen

Es besteht Erstickungsgefahr, deshalb

1 schnellstens zum Tierarzt (Corticoid-Therapie)
2 Hals/Maul von außen mit Cold-Packs behandeln, wenn dies vom Hund geduldet wird.
3 frische Luft, soviel wie möglich (Fenster auf, Luft zufächeln)
4 kaltes Wasser trinken lassen.

Fremdkörper in den Atemwegen

Die Atemwege bestehen aus Nasenöffnung, Nasenhöhlen, Maul, Maulhöhle, Kehlkopf, Luftröhre, Bronchien, Bronchiolen und Alveolen, die letzteren drei gehören schon zur Lunge. Die Wege fächern sich auf wie ein Baumgeäst und werden im Durchmesser immer enger, d. h., je kleiner ein Fremdkörper ist, desto tiefer kann er eingeatmet werden. Spitze Fremdkörper können aber auch schon weiter »oben« stecken bleiben, häufig schon in der Zunge, im Gaumensegel oder im Kehlkopf. Durch die folgende heftige Schwellung kommt es zur Erstickungsgefahr.

Maßnahmen

1 Maul öffnen (mittels Mullbinden oder Beißholz) und vorsichtig die Zunge vorziehen. Tief in den Rachen schauen. Falls Fremdkörper sichtbar: Versuchen, ihn mit Fingern oder Pinzette zu entfernen.
2 Falls manuelle Entfernung nicht möglich, Hund an den Hinterbeinen vorsichtig kopfüber hochheben und schütteln.
3 In Maßen kaltes Wasser trinken lassen.
4 Frische Luft und kein Stress.

Um zu verhindern, dass Ihr Hund kleine Gegenstände verschluckt, geben Sie ihm nur genügend großes, hundegerechtes Spielzeug.

5 Auch wenn Fremdkörper entfernt werden konnte: Sofort zum Tierarzt (Schwellung kann zur Erstickungsgefahr führen; Antibiotika-Therapie unter Umständen notwendig).

6 Bei Atem-/Herzstillstand: Reanimation.

Symptome Fremdkörper

1 Plötzliches, starkes, häufiges Niesen
2 Blutig-eitriger, einseitiger Nasenausfluss
3 Plötzliches, starkes, häufiges Husten und Würgen
4 Erschwertes Atmen mit Reibegeräuschen
5 Schluckbeschwerden
6 Stark geschwollener Gaumen-/Kehlkopfbereich
7 Bläuliche Schleimhäute und/oder Zunge
8 Erstickungsanfall
9 Evtl. erst nach Tagen Husten mit eitrigem Auswurf und Fieber

Hat Ihr Hund plötzlich Schluckbeschwerden, schauen Sie nach, ob er vielleicht einen Fremdkörper im Maul oder Rachenraum hat.

Magendrehung

Die meisten Hunde sind fast immer zum Spielen aufgelegt, doch mit vollem Magen kann wildes Toben zu einer gefährlichen Magendrehung führen.

Nach dem Essen sollte Ihr Hund deshalb eine Ruhepause einlegen. Kaum einer Notfallsituation kann man einfach aus dem Weg gehen.

Der Verdrehung des Magens voraus geht immer die Magenerweiterung. Da Hunde Raubtiere sind, die in der Natur nicht regelmäßig gefüttert würden, noch dazu im Rudel beim Fressen viele Futterkonkurrenten hätten, neigen viele dazu, ihr Fressen hinunterzuschlingen. Bekommen sie große Mahlzeiten auf einmal serviert, so gelangt eine große Menge schlecht vorverdautes Futter in den Magen. Die Folge hiervon ist ein stark gefüllter Magen, meist mit nachfolgender starker Gärung des Inhalts durch die Magensäuren und Enzyme.

Dreht sich der Hund in diesem Zustand über den Rücken, kann es passieren, dass sich der gefüllte und geblähte

Magen aufgrund der Trägheit der Masse nicht mitdreht und so »vorne und hinten« verdreht wird. Gelegenheiten des »sich über den Rücken Rollens« bieten sich beim Spiel mit dem Hund oder des Hundes mit anderen Hunden sowie beim Wälzen, kurz nachdem er gefressen hat.

Der Magen kann sich hierbei (passiv) nach rechts (öfter), nach links, um 90°, um 180°, sogar um mehr als 360° drehen. Durch den »Drehverschluß« der Speiseröhre in den Magen und des Zwölffingerdarms aus dem Magen ist er nun ein geschlossener Hohlraum, aus dem nichts mehr entweichen kann. So ist denn auch das erste Anzeichen der erfolglose (!) Versuch, zu erbrechen (Würgen und typische Pumpbewegungen): Es kommt nichts heraus außer Speichel. Dies ist der Moment, in dem bei Ihnen die rote Warnleuchte angehen muss.

Maßnahmen

1 Bei Verdacht sofort zu einem Tierarzt fahren, der die notwendige Operation durchführen kann.

2 Hund in der Körperlage lassen, die er selbst einnimmt, sie erleichtert ihm das Atmen.

3 Allgemeine Schockmaßnahmen

4 Nicht unter dem Bauch tragen; die gestaute Magenwand oder die gestaute Milz könnten reißen.

5 Falls möglich, mit dem Hinterkörper abwärts geneigt transportieren.

Auch der Mensch kann sich beim Umgang mit Hunden verletzten. Deshalb ist es wichtig zu wissen, wie Sie sich im Vorfeld schützen bzw. im Notfall selbst helfen können.

Verletzungen vorbeugen

▶ Fremde Hunde vorsichtig und ruhig behandeln: Beriechen lassen (Handrücken) – man muss sich zunächst kennen lernen.

▶ Hunde nie – auch nicht für kurze Zeit – Menchen überlassen, die ihnen körperlich nicht gewachsen sind. Das gilt ganz besonders für Kinder und alte Menschen.

▶ Größte Vorsicht ist bei angeleinten Hunden am Fahrrad geboten – Sturzgefahr!

▶ Rechnen Sie immer damit, dass auch der liebste Hund nach einem Unfall unvorhergesehen aggressiv reagieren kann.

Meistens sind es Bisse

Die häufigsten Verletzungen, die man sich durch Hunde zuziehen kann, sind natürlich Bissverletzungen, aber auch die Krallen eines strampelnden Hundes (Abwehrreaktion) können zu unangenehmen Verletzungen führen. Besonders gefährdet sind hierbei die Augen! Außerdem kann ein kräftiger Hund, beispielsweise wenn er erschreckt wird, sein »Herrchen« oder »Frauchen« am anderen Ende der Leine durch den plötzlichen Zug in Gefahr bringen – ganz besonders auf dem Fahrrad.

Besonders fremden Hunde, aber auch die eigenen können in Notsituationen aus Gründen der Angst oder des Schmerzes aggressiver als sonst sein und zubeißen. Wie sie solche Bissverletzungen verhindern können, lesen Sie auf S. 18.

Maßnahmen

1 Alle Wunden, die Ihnen durch einen Hund zugefügt wurden, sofort gründlich mit viel Wasser reinigen und evtl. auch desinfizieren.

2 Wunden ihrer Größe entsprechend mit Pflaster oder Verbandsmaterial abdecken.

3 Durch die Fangzähne der Hunde entstehen Stich- und durch den Zug auch Risswinden, die oft stark bluten und auf jeden Fall von Arzt versorgen werden sollen.

4 Gehen Sie zum Arzt, wenn eine auch nur kleine, durch den Hund verursachte Wunde nicht richtig heilt.

6 Achten Sie als Hundehalter darauf, Ihren Tetanusschutz regelmäßig auffrischen zu lassen.

Im täglichen Umgang mit dem Hund können Sie sich leicht einmal eine kleine Verletzung zuziehen. Vielleicht ist Ihr Hund beim Spielen etwas wild oder er kratzt Sie versehentlich beim Abtrocknen nach einem Sprung ins Wasser.

Adressen und Bücher

Hier erhalten Sie Auskunft, wo und wann Erste-Hilfe-Kurse für Hundehalter stattfinden

Bundestierärztekammer
Oxfordstr. 10
53111 Bonn
Tel.: 02 28 / 72 54 60

Kosmos bietet weitere Bücher zum Thema Erste Hilfe und Gesundheit, in denen Sie sich informieren können.

Becvar, Dr. Wolfgang
Naturheilkunde für Hunde, 1994

Lausberg, Dr. Frank
Erste Hilfe für den Hund, 1999

Rakow, Dr. Barbara
Der homöopathische Hundedoktor, 1999

Rustige, Dr. Barbara
Hundekrankheiten, 2000

Schöning, Dr. Barbara
Hundeverhalten, 2001

Tammer, Isabella
Hundeernährung, 2000

Stein, Petra
Bachblüten für Hunde, 1997

Zidonis, Nancy und Marie Soderberg
Akkupressur für Hunde, 1999

Unentbehrlich für jeden Hundehalter: Das Standardwerk der Hundeerziehung

Hoefs, Nicole und Petra Führmann:
Das Kosmos-Erziehungsprogramm für Hunde, 1999.

Register

Register

Impressum

Umschlaggestaltung von eStudio Calamar
unter Verwendung zweier Farbfotos von Mark Rühl/
Kosmos (großes Motiv) und Ralf Roppelt/
Sahara Werbeagentur (kleine Motive).

Mit 56 Farbfotos und einer sw-Zeichnung.

Bibliografische Information Der Deutschen Bibliothek
Die Deutsche Bibliothek verzeichnet diese Publikation in
der Deutschen Nationalbibliografie; detaillierte bibliografische
Daten sind im Internet über http://dnb.ddb.de abrufbar.

Bücher · Kalender · Spiele · Experimentierkästen · CDs · Videos

Natur · Garten & Zimmerpflanzen · Heimtiere · Pferde & Reiten · Astronomie ·
Angeln & Jagd · Eisenbahn & Nutzfahrzeuge · Kinder & Jugend

KOSMOS Postfach 10 60 11
D-70049 Stuttgart
TELEFON +49 (0)711-2191-0
FAX +49 (0)711-2191-422
WEB www.kosmos.de
E-MAIL info@kosmos.de

Informationen senden wir Ihnen gerne zu

Gedruckt auf chlorfrei gebleichtem Papier

© 2003, Franckh-Kosmos Verlags-GmbH & Co., Stuttgart
Alle Rechte vorbehalten
ISBN 3-440-09479-0
Redaktion: Claudia Salata
Gestaltungskonzept: eStudio Calamar
Satz, Gestaltung und Produktion:
DOPPELPUNKT Auch & Grätzbach GbR, Leonberg
Druck und Bindung: Těšínská Tiskárna, a.s., Český Těšín
Printed in Czech Republic / Imprimé en République tchèque

Bildnachweis
Farbfotos von Thomas Höller/Kosmos (3: S. 9, 14, 29),
Juniors Bildarchiv (4: S. 43, 44, 45, 51),
Ralf Roppelt/Kosmos (2: S. 8, 24),
Marc Rühl/Kosmos (alle übrigen 29 Aufnahmen),
Christof Salata/Kosmos (18: S. 3, 6 beide, 11, 15 beide,
25, 37, 38, 39, 41, 46, 47, 54, 56 beide, 59 beide).

Schwarzweißillustration von Milada Krautmann (S. 52).

Praktische Erziehungstipps

„Sitz!", „Platz!" und „Komm!" beherrscht Ihr Hund – aber wie geht es nun weiter? Jetzt kommt die Kür zur Pflicht! Spielerische Übungen, die das Gelernte festigen, bringen Abwechslung in den Trainingsalltag. Langeweile hat keine Chance. Und als Extra in diesem Buch: Der mobile Trainingsbegleiter. Handliche Karten zum Heraustrennen zeigen die wichtigsten Übungen auf einen Blick. Erziehungs-Know How von Kosmos – immer mit dabei!

Führmann/Hoefs
Erziehungsspiele für Hunde

176 Seiten
346 Farbfotos
gebunden

ISBN 3-440-08856-1

Mit praktischen Trainings-karten für draußen!